54.

6.658.

6

HISTOIRE

DES

JOURNÉES DE JUIN

(23, 24, 25 ET 26)

PAR ARTHUR CHRISTIAN

PROFESSEUR D'HISTOIRE

> Le sang versé demande une expiation!...
> A. CHRISTIAN.

PRIX : 50 CENT.

PARIS

DE L'IMPRIMERIE DE CRAPELET

RUE DE VAUGIRARD, 9

1848

SE VEND CHEZ TOUS LES LIBRAIRES DE PARIS ET DES DÉPARTEMENTS

HISTOIRE

DES

JOURNÉES DE JUIN

(23, 24, 25 et 26).

Nous voudrions esquisser ici sans haine et sans passion quelques-uns des traits les plus frappants de ce tableau si sombre et si sanglant que l'histoire sera chargée de retracer un jour; pour peindre dignement cette péripétie mémorable, cet épisode sinistre du drame qui avait commencé si pur et si glorieux au 24 février dernier, il faudra préparer à loisir ses pinceaux et recueillir avec discernement les documents et les couleurs qui sont encore cachés aujourd'hui dans les ténèbres de l'intrigue, voilés sous les nuages du deuil et de la tristesse et presque effacés par les flots du sang qui vient d'inonder nos places et nos rues. Nous ne pouvons donc que préparer aujourd'hui quelques matériaux à l'histoire en exposant rapidement et dans l'ordre du temps les tristes événements qui se sont accomplis pendant ces fatales journées. Un autre en dira les causes et remontera, s'il est possible, jusqu'à la source du mal. Il faudrait un autre fil d'Ariane, un

1848

guide mystérieux pour se diriger à travers ce sombre dédale et ces nuages épais et sanglants que les passions les plus effrénées, les ambitions les plus inexorables et les plus stupides ont étendu sur le berceau de notre république; et qui sait si jamais la lumière pourra se faire dans ce chaos ténébreux! Le peintre des *Girondins* aura là quelques belles pages à ajouter à son immortel ouvrage; ce héros populaire de cette courte époque, si vite élevé, si vite et si terriblement tombé, pourra désormais consacrer les loisirs qui lui sont réservés à nous retracer ces événements lamentables ! Dieu veuille qu'il lui soit donné de protester ainsi par un nouvel éclat de son talent de peintre et d'historien contre l'oubli qui menace son nom.

Il ne serait pas moins impossible d'exposer quel était l'état des esprits de la capitale pendant les jours qui ont précédé ces jours funestes. L'inquiétude et le découragement étaient dans toutes les âmes. Il y avait dans l'atmosphère quelque chose de sombre et de mystérieux dont on ne pouvait se rendre compte, mais qui pesait comme un poids accablant sur tous les cœurs. Le gouvernement seul, le pouvoir exécutif surtout paraissait tranquille et rassuré et demeurait complétement inactif et comme endormi sur le bord de l'abîme ou sur le cratère du volcan. Il semblait jouer à la conspiration avec les rassemblements de la porte Saint-Denis et Saint-Martin, et cependant ses œuvres allaient porter leur fruit! L'Assemblée nationale, après tant de décrets insignifiants, après tant de temps perdu, était enfin forcée de porter la main sur la plaie et de dissoudre les ateliers nationaux; c'était ouvrir la boîte de Pandore ! Ses premières mesures eurent de funestes résultats. Les ouvriers, ces idoles si adulées et si

préconisées, si débonnaires aussi tant qu'on les en-
cense et qu'on les trompe, mais si terribles au jour
où cesse leur illusion, présentaient un aspect sombre et menaçant. Poussés par la faim et par des passions coupables, ils méditaient déjà de sinistres
projets. Ils se prêtaient en apparence à ces con-
spirations innocentes de présidence et de dictature;
ils recevaient en souriant l'or des Russes et des
Anglais et les pièces de deux francs de la police,
mais au fond ils travaillaient pour eux, organisaient
sourdement leur complot et creusaient en silence
l'abîme qui devait engloutir la société.

Le 23. Vendredi.

Tel était l'état des choses le 23 au matin; le
Luxembourg et l'Assemblée nationale étaient,
comme toujours, formidablement gardés; les précautions n'allaient pas au delà; aucune prévision,
aucune mesure. Tout à coup, comme à un signal
donné, les barricades commencèrent à s'élever si-
multanément dans tous les quartiers.

Les ouvriers travaillaient silencieusement à cette
œuvre comme à une consigne donnée. Les pavés
étaient arrachés sans bruit avec des pinces et des
barres de fer et s'amoncelaient avec ordre en énor-
mes barricades. Dans certains endroits les passants
étaient forcés d'apporter un pavé à l'édifice commencé par les insurgés.

Déjà ces préparatifs sont achevés, à l'entrée du
faubourg Saint-Antoine surtout. Les barricades
prennent l'aspect de véritables fortifications : les rues
Saint-Denis, Saint-Martin, les quartiers Poissonnière, Saint-Lazare, la Bastille, les boulevarts, l'île

Saint-Louis, la Cité, la place Maubert, la rue Saint-Jacques, la montagne Sainte-Geneviève, le Panthéon, Saint-Marceau, Mouffetard, Saint-Victor, jusqu'à la barrière Fontainebleau, se trouvent en même temps fortifiés, retranchés, barricadés. Les ouvriers ont fait place aux combattants; la guerre s'organise, les moyens d'attaque et de défense se multiplient; les troupes, la garde nationale, la garde mobile sont accourues appelées par la générale et partout les deux camps sont en présence; qui pourrait dire l'aspect de Paris dans ce terrible moment!

Dès lors toute communication est interrompue entre les différents quartiers; le télégraphe du ministère de l'intérieur ne cesse de jouer, il appelle les provinces au secours de la capitale. La fusillade a commencé partout sans qu'il y ait rien de décisif sur aucun point. La nuit est venue, et qui pourrait dire toutes les scènes de cette nuit passée en présence des ennemis : la confusion et le désordre sont inévitables dans ces moments. La garde nationale, la troupe et la garde mobile sont partout; mais tout se fait à l'improviste; de tristes méprises ont eu lieu : un grand nombre de gardes nationaux se trompent et s'égarent au lieu de suivre leur drapeau. Ils vont défendre les barricades : la 12° légion éprouve surtout une effroyable défection; sur vingt mille, trois cents soldats à peine obéissent au rappel. Des officiers même ont été vus conduisant les soldats aux barricades et se rangeant sous la bannière des insurgés. La garde mobile, si héroïque et si sublime pendant toute cette lutte, ne fut point elle-même exempte de défection : un de ses bataillons fit d'abord cause commune avec les insurgés. Était-ce erreur ou trahison?... Il faut avoir vu pendant la nuit les feux allumés sur les places, les soldats couchés, les sentinelles veillant et faisant entendre à chaque instant leur solennel avertissement, les barricades prêtes, hérissées d'armes et de combattants, pour se figurer l'aspect que présentait Paris entièrement divisé en deux camps qui attendent la lumière du jour pour commencer le combat.

Pendant cette journée du 23 que faisaient l'Assemblée nationale et le pouvoir exécutif?

La séance de l'Asssemblée présente ce jour-là un mélange singulier de délibérations et de discussions : tantôt sur diverses propositions portées dans son ordre du jour, tantôt sur les événements qui se succèdent, se pressent avec rapidité et semblent arracher l'Assemblée à ses insignifiantes préoccupations pour la porter sur le terrain qui brûle sous ses pieds; elle prend alors des mesures qui auraient pu calmer peut-être les esprits; mais malheureusement déjà les communications étaient interrompues, Paris était divisé en deux camps ennemis, et les arrêtés, les proclamations de l'Assemblée n'arrivaient point derrière les barricades sous les yeux des insurgés. Il en fut de même des belles proclamations du général Cavaignac! il était trop tard : rien ne devait amener la conciliation, et la lutte commencée devait se décider par les balles et les boulets.

Ces premières mesures de conciliation avaient été précédées par une proclamation du maire de Paris; cette déclamation ne pouvait rien produire de bon; cette parole qui a été longtemps si pleine de miel et de flatterie pour le peuple et qui devient tout à coup menaçante et sévère, était plus propre à irriter les esprits qu'à les calmer.

Voici le texte de cette proclamation :

MAIRIE DE PARIS.

Paris, le 23 juin 1848, trois heures après midi.

Citoyen maire,

Vous êtes témoin depuis ce matin des efforts tentés par un petit nombre de turbulents pour jeter au sein de la population les plus vives alarmes.

Les ennemis de la République prennent tous les masques; ils exploitent tous les malheurs, toutes les difficultés produites par les événements. Des agents étrangers se joignent à eux, les excitent et les payent. Ce n'est pas seulement la guerre civile qu'ils voudraient allumer parmi nous, c'est le pillage, la désorganisation sociale, c'est la ruine de la France qu'ils préparent, et l'on devine dans quel but.

Paris est le siége principal de ces infâmes intrigues; Paris ne deviendra pas la capitale du désordre. Que la garde nationale, qui est la première gardienne de la paix publique et des propriétés, comprenne bien que c'est d'elle surtout qu'il s'agit, de ses intérêts, de son crédit, de son honneur. Si elle s'abandonnait, c'est la patrie entière qu'elle livrerait à tous les hasards, ce sont les familles et les propriétés qu'elle laisserait exposées aux calamités les plus affreuses.

Les troupes de la garnison sont sous les armes, nombreuses et parfaitement disposées. Que les gardes nationaux se placent dans leurs quartiers, aux abords des rues; l'autorité fera son devoir, que la garde nationale fasse le sien.

Salut et fraternité.

Le représentant du peuple, maire de Paris,

A. MARRAST.

Le 24. Samedi.

La fusillade et la canonnade de la veille n'avaient point entièrement cessé, et toute la nuit on les avait entendues à différents intervalles et sur différents points. A trois heures du matin elles éclatent de toute part avec une nouvelle intensité ; les insurgés avaient mis la nuit à profit ; ils s'étaient abondamment approvisionnés de balles, de poudre et d'armes de toute espèce, même d'artillerie. Les barricades dessinées et dressées la veille présentent partout un aspect formidable.

Le combat s'engage sur les quais, le canon gronde, les bords de la Seine sont couverts de soldats insurgés. Les barricades de la place du Châtelet sont attaquées et défendues avec une résistance opiniâtre et sanglante.

A l'Hôtel-Dieu, à la place Maubert, la lutte s'engage avec acharnement ; le sang coule, les morts sont innombrables.

De nouvelles barricades sont élevées à la Chapelle Saint-Denis et deviennent le théâtre d'un carnage effroyable ; la bataille est partout, au faubourg Saint-Antoine, Saint-Jacques, Saint-Martin, à la place de la Bastille ; l'artillerie se dirige sur Montmartre pour dominer la Chapelle ; la cavalerie marche du même côté.

Plus tard, à neuf heures du matin, le haut des faubourgs Poissonnière et Saint-Denis est le théâtre d'une lutte longue et désespérée. Entre les deux faubourgs, dans l'enclos Saint-Lazare, les insurgés font la plus vigoureuse résistance ; le canon ne peut rien contre la barricade qu'ils défendent dans le haut du faubourg. Dans la rue Lafayette se livre une véritable bataille rangée ou deux cents gardes mobiles restent sur le carreau ; la rue Bellefond, Rochechouart paraissent en feu, la fusillade pleut de toutes les croisées sur les soldats et les gardes nationaux qui passent à portée.

Les rues Montholon, Bleue, faubourg Montmartre, Poissonnière, sont gardées militairement.

A dix heures, la fusillade commence à la pointe Saint-Eustache où les insurgés gagnent du terrain du côté des quais et de la Cité.

A la place Royale, l'hôtel de la mairie du 8ᵉ arrondissement est pris et repris plusieurs fois.

A midi, plusieurs représentants parcourent les rues soit ensemble, soit isolément, pour porter à la garde nationale les ordres de l'Assemblée.

On annonce que le général Bedeau, grièvement blessé à la barricade du pont Saint-Michel, a été amputé ; c'était bien la peine d'avoir si longtemps affronté les Arabes. Le bruit se répand également qu'un grand nombre de généraux, officiers, chefs de la garde nationale et de la garde mobile, sont également blessés ou mortellement atteints.

L'Assemblée nationale a concentré les pouvoirs exécutifs entre les mains du brave général Cavaignac. Paris a été mis en état de siége, et cette terrible mesure porte immédiatement ses conséquences ; quelques insurgés sont fusillés à mesure qu'ils sont pris les armes à la main ; d'autres sont conduits devant la commission militaire qui siége au Luxembourg. Les insurgés ont donné l'exemple de ces terribles représailles ; ils ne font pas de prisonniers. On raconte, on exagère, nous aimons à le penser, des atrocités révoltantes commises derrière leurs barricades.

Il est une heure, et déjà cette œuvre d'extermination a tellement multiplié les épisodes, qu'il sorait impossible de les raconter avec détail; voici le canon qui gronde et mitraille sur la place de l'Estrapade et du Panthéon. La barricade de la bibliothèque Sainte-Geneviève est prise plusieurs fois; les insurgés sont successivement débusqués de l'École de droit, de la Bibliothèque neuve et du Panthéon, mais après une résistance sanglante et désespérée. C'est là que s'est surtout signalée cette troupe si jeune et déjà si aguerrie, cette garde mobile qui fut créée avec la République, qui voit aujourd'hui le feu pour la première fois et se couvre de gloire dans son premier combat en sauvant la patrie.

Les insurgés se replient dans ces rues tortueuses qui serpentent autour de la montagne Sainte-Geneviève, et qui sont toutes hérissées de barricades; là, à chaque pas, à chaque coin, un nouveau combat; ils sont successivement traqués et poursuivis la baïonnette dans les reins dans le quartier Saint-Victor et de la Halle-aux-Vins, au Jardin des Plantes, dans la rue Mouffetard, Saint-Médard, jusques à la barrière de Fontainebleau. Sur chacun de ces points, une station, un combat, une lutte acharnée; la fusillade recule à mesure qu'ils sont successivement débusqués de ces divers postes; la nuit est venue et ils résistent encore à la barrière de Fontainebleau où les arbres du boulevart ont servi à improviser de nouvelles barricades. C'est là que le général Bréa et son aide de camp sont assassinés; leurs cadavres mutilés ont été exposés le lendemain au Panthéon.

A mesure que ces tristes événements s'accomplissaient sur ces divers champs de bataille, ils venaient retentir et se refléter, pour ainsi dire, dans le sein de l'Assemblée nationale pendant la séance du 24. Déjà, depuis la veille, elle s'était déclarée en permanence, et se trouvait, par conséquent, réunie pour recueillir tous les faits de la nuit du 23 au 24 et de toute cette terrible journée. Les mesures qu'elle prit, les décrets qu'elle rendit, sous les inspirations des événements, portent l'empreinte du patriotisme le plus pur et le plus exalté.

Par un premier décret elle adopte les enfants des gardes nationaux tués au commencement en combattant pour l'ordre contre l'anarchie, et de tous ceux qui pourront succomber avant la fin de la lutte.

Par un autre, elle accepte la démission de la commission du pouvoir exécutif, et confie tous les pouvoirs, la dictature au général Cavaignac.

RÉPUBLIQUE FRANÇAISE.

Liberté, Égalité, Fraternité.

ASSEMBLÉE NATIONALE.

L'Assemblée nationale a adopté le décret dont la teneur suit :

Art. 1ᵉʳ. L'Assemblée nationale se déclare en permanence.

Art. 2. Paris est mis en état de siége.

Art. 3. Tous les pouvoirs exécutifs sont délégués au général Cavaignac.

Délibéré en séance publique, à Paris, le 24 juin 1848.

Les président et secrétaires,

SENARD, PEUPIN, LÉON ROBERT, ÉMILE PÉAN, EDMOND LAFAYETTE, LANDRIN, BÉRARD.

Pour expédition :

Le président de l'Assemblée nationale,

SENARD.

ASSEMBLÉE NATIONALE.

L'Assemblée nationale a adopté à l'unanimité le décret dont la teneur suit:

Article unique. La République adopte les enfants et les veuves des citoyens qui ont succombé dans la journée du 23 juin, et de ceux qui pourraient périr encore en combattant pour la défense de l'ordre, de la liberté et des institutions républicaines.

Délibéré en séance publique, à Paris, le 24 juin 1848.

Les président et secrétaires,
SENARD, PEUPIN, LÉON ROBERT, ÉMILE PÉAN, EDMOND LAFAYETTE, LANDRIN, BÉRARD.

Pour expédition:
Le président de l'Assemblée nationale,
SENARD.

ASSEMBLÉE NATIONALE.

L'Assemblée nationale a adopté, le chef du pouvoir exécutif promulgue le décret suivant:

L'Assemblée nationale,

Considérant que les agitations qui depuis plusieurs jours existent dans Paris et les collisions sanglantes qui les ont suivies, ont eu pour résultat de suspendre et d'arrêter les derniers travaux, de porter à leur comble la souffrance et la misère, et de rendre impossible l'action de la charité privée et des établissements de bienfaisance;

Qu'il importe de pourvoir à l'urgence de cette situation, en assurant sans délai, à la partie de la population qui ne vit que de son travail journalier, les moyens de subsistance qui lui manquent en ce moment,

A adopté, à l'unanimité, le décret dont la teneur suit :

Art. 1er. Un crédit de 3 millions de francs pour secours extraordinaires est ouvert au ministre de l'intérieur.

Art. 2. Le ministre de l'intérieur et le maire de Paris se concerteront pour faire répartir immédiatement cette somme entre les quatorze arrondissements, dans la proportion des besoins respectifs de chacun d'eux.

Art. 3. Des mesures seront prises, sans délai, dans chaque municipalité, pour distribuer, à domicile, des secours, soit en argent, soit en nature, aux citoyens dans le besoin.

Art. 4. Le ministre de l'intérieur et le ministre des finances sont chargés de l'exécution du présent décret.

Délibéré en séance publique, à Paris, le 25 juin 1848.

Les président et secrétaires,
Senard, Peupin, Léon Robert, Émile Péan,
Edmond Lafayette, Landrin, Bérard.

Le chef du pouvoir exécutif,
E. Cavaignac.

ASSEMBLÉE NATIONALE.

Gardes nationaux,

Vous avez donné hier, vous ne cessez de donner

des preuves éclatantes de votre dévouement à la République.

Si l'on a pu se demander un moment quelle est la cause de l'émeute qui ensanglante nos rues, et qui, tant de fois depuis huit jours, a changé de prétexte et de drapeau, aucun doute ne peut plus rester aujourd'hui, quand déjà l'incendie désole la cité, quand les formules du communisme et les excitations au pillage se produisent audacieusement sur les barricades.

Sans doute, la faim, la misère, le manque de travail, sont venus en aide à l'émeute.

Mais s'il y a dans les insurgés beaucoup de malheureux qu'on égare, le crime de ceux qui les entraînent et le but qu'ils se proposent sont aujourd'hui mis à découvert.

Ils ne demandent pas la République; — elle est proclamée.

Le suffrage universel ! — Il a été pleinement admis et pratiqué.

Que veulent-ils donc ? — On le sait maintenant; ils veulent l'anarchie, l'incendie, le pillage.

Gardes nationaux ! unissons-nous tous pour défendre et sauver notre admirable capitale !

L'Assemblée nationale s'est déclarée en permanence. Elle a concentré dans la main du brave général Cavaignac tous les pouvoirs nécessaires pour la défense de la République.

De nombreux représentants revêtent leurs insignes pour aller se mêler dans vos rangs et combattre avec vous.

L'Assemblée n'a reculé, elle ne reculera devant aucun effort pour remplir la grande mission qui lui a été confiée. Elle fera son devoir comme vous faites le vôtre.

Gardes nationaux, comptez sur elle comme elle compte sur vous.

Vive la République !

Le président de l'Assemblée nationale,

Senard.

Le 24 juin 1848.

————

Le nouveau dictateur, à peine saisi de sa mission, forme son plan d'attaque, en dirige l'exécution sur tous les points avec la plus grande énergie, fait déclarer la ville en état de siége ; en joignant à ces mesures vigoureuses tous les moyens de conciliation que comporte la situation, il adresse aux soldats, à la garde nationale, aux insurgés eux-mêmes, ces belles proclamations où respire l'amour de la patrie et la haine de la guerre civile, et qui méritaient d'obtenir un autre succès, et l'auraient obtenu, sans doute, si elles n'étaient arrivées trop tard.

RÉPUBLIQUE FRANÇAISE.

Liberté, Égalité, Fraternité.

POUVOIR EXÉCUTIF.

Soldats,

Le salut de la patrie vous réclame ! C'est une terrible, une cruelle guerre que celle que vous faites aujourd'hui. Rassurez-vous, vous n'êtes point agresseurs ; cette fois, du moins, vous n'aurez pas été de tristes instruments de despotisme et de trahison. Courage, soldats, imitez l'exemple intelligent et dévoué de vos concitoyens ; soyez fidèles aux lois de l'honneur, de l'humanité ; soyez fidèles à la République ; à vous, à moi, un jour ou l'autre, peut-être aujourd'hui, il nous sera donné de mourir pour elle. Que ce soit à l'instant même si nous devons survivre à la République !

Le chef du pouvoir exécutif,

CAVAIGNAC.

Paris, le 24 juin 1848.

AUX INSURGÉS.

AU NOM DE L'ASSEMBLÉE NATIONALE.

Citoyens,

Vous croyez vous battre dans l'intérêt des ouvriers, c'est contre eux que vous combattez, c'est sur eux seuls que retombera tant de sang versé. Si une pareille lutte pouvait se prolonger, il faudrait désespérer de l'avenir de la République, dont vous voulez tous assurer le triomphe irrévocable.

Au nom de la patrie ensanglantée,

Au nom de la République que vous allez perdre,

Au nom du travail que vous demandez et qu'on ne vous a jamais refusé, trompez les espérances de vos ennemis communs, mettez bas vos armes fratricides, et comptez que le Gouvernement, s'il n'ignore pas que dans vos rangs il y a des instigateurs criminels, sait aussi qu'il s'y trouve des frères qui ne sont qu'égarés, et qu'il rappelle dans les bras de la patrie.

Général CAVAIGNAC.

Paris, le 24 juin 1848.

AUX INSURGÉS.

Ouvriers, et vous tous qui tenez encore les armes levées contre la République, une dernière fois, au nom de tout ce qu'il y a de respectable, de saint, de sacré pour les hommes, déposez vos armes ! L'Assemblée nationale, la nation tout entière vous le demandent. On vous dit que de cruelles vengeances vous attendent ! Ce sont vos ennemis, les nôtres qui parlent ainsi ! On vous dit que vous serez sacrifiés de sang-froid ! Venez à nous, venez comme des frères repentants et soumis à la loi, et les bras de la République sont tout prêts à vous recevoir.

Paris, 25 juin 1848.

<table>
<tr><td>Le président de l'Assemblée nationale,
SENARD.</td><td>Le chef du pouvoir exécutif,
E. CAVAIGNAC.</td></tr>
</table>

LE GÉNÉRAL CAVAIGNAC, CHEF DU POUVOIR EXÉCUTIF, A LA GARDE NATIONALE.

Citoyens,

Votre sang n'aura pas été versé en vain ; redoublez d'efforts, répondez à mon appel, et l'ordre, grâce à vous, grâce au concours de vos frères de l'armée sera rétabli.

Citoyens, ce n'est pas seulement le présent, c'est l'avenir de la France et de la République que votre héroïque conduite va assurer.

Rien ne se fonde, rien ne s'établit sans douleurs et sans sacrifices ; soldats volontaires de la nation intelligente, vous avez dû le comprendre.

Ayez confiance dans le chef qui vous commande,

comptez sur lui comme il peut compter sur vous.

La force, unie à la raison, à la sagesse, au bon sens, à l'amour de la patrie, triomphera des ennemis de la République et de l'ordre social.

Ce que vous voulez, ce que nous voulons tous, c'est un gouvernement ferme, sage, honnête, assurant tous les droits, garantissant toutes les libertés, assez fort pour refouler toutes les ambitions personnelles, assez calme pour déjouer toutes les intrigues des ennemis de la France.

Ce gouvernement, vous l'aurez; car avec vous, avec votre concours entier, loyal, sympathique, un gouvernement peut tout faire.

Général Cavaignac.

Paris, le 24 juin 1848.

La nuit était venue ; les insurgés avaient perdu du terrain ; des barricades étaient tombées dans plusieurs quartiers ; mais ils tenaient encore au Jardin des Plantes, à la barrière de Fontainebleau, à l'île Saint-Louis, au faubourg Saint-Antoine, au clos Saint-Lazare. Il y avait encore deux armées en présence : Paris était partagé en deux camps, et cette nuit se passa tout entière sur le qui-vive et dans l'attente du combat du lendemain ; l'exaltation était à son comble ; le sang semblait avoir enivré le soldat ; tout faisait craindre pour le jour suivant une terrible journée.

Le 25 juin. Dimanche.

La nuit a été assez tranquille; les troupes, la garde nationale, la garde mobile, ont veillé paisiblement sur le repos des citoyens; les fenêtres

étaient éclairées dans toutes les rues, et de cinq minutes en cinq minutes les sentinelles, placées à peu de distance les unes des autres, se répétaient le cri de : *Sentinelles, prenez garde à vous !* L'ordre a été ainsi maintenu toute la nuit, et à cinq heures, le rappel a été battu. La lutte a recommencé, car ce n'est pas une bataille qui se passe sous nos yeux, c'est une guerre implacable et terrible qui se livre depuis trois jours dans toute l'enceinte de Paris, et qui continue aujourd'hui dans deux faubourgs.

Les résultats commencent à faire comprendre le plan des insurgés. L'émeute, si ce nom peut convenir à ces combats gigantesques, s'étendait sur la rive droite depuis le faubourg Poissonnière jusqu'à la Seine, embrassant ainsi les faubourgs Saint-Martin, du Temple et Saint-Antoine. Sur la rive gauche elle occupait les faubourgs Saint-Marcel, Saint-Victor, et le quartier Saint-Jacques, double position qui se trouvait reliée par l'occupation de plusieurs points intermédiaires ou adjacents, tels que l'église Saint-Gervais, le quartier du Temple, les abords de Notre-Dame, le pont Saint-Michel. L'église Saint-Severin servait de quartier général, le faubourg Saint-Antoine de place d'armes. Ce plan était habilement conçu et il a été audacieusement exécuté ; l'insurrection se trouvait ainsi maîtresse d'un demi-cercle immense qui forme à peu près la moitié de Paris ; en cas d'échec, la nature des maisons, des rues étroites et tortueuses créaient aux troupes d'insurmontables difficultés, et aux émeutiers des moyens presque sûrs de retraite ; en cas de succès, elle touchait à la ligne des quais, elle cernait peu à peu l'Hôtel de ville qui se trouvait ainsi entouré de tous côtés, et une fois là l'insurrection y établissait son gouvernement

Ce plan fait comprendre pourquoi il a fallu livrer un si terrible combat au pont Saint-Michel, de l'Hôtel-Dieu et du quai aux Fleurs; on comprend également l'acharnement avec lequel les insurgés ont défendu la position Saint-Severin qui leur servait de quartier général, et celle de Saint-Gervais qui menaçait directement l'Hôtel de ville.

Il faut rendre un éclatant hommage à l'intelligence avec laquelle le général Cavaignac a compris, attaqué ce plan et sauvé Paris; car quoique la lutte dure encore aujourd'hui, quoiqu'elle ne doive pas peut-être se terminer ce soir, elle peut faire verser du sang encore, mais le résultat n'est plus douteux.

Se servir de la garde nationale pour garder le pavé de Paris, et empêcher ainsi que l'insurrection vaincue sur un point puisse renaître sur un autre; avec la garde nationale, la garde mobile et l'armée environner les quartiers où les insurgés ont pris position, couper leurs lignes de communication et les enfermer ainsi séparément dans un cercle qui se rétrécit toujours : tel a été le plan qu'il a suivi et qui touche à sa fin.

Ainsi, le 25, l'insurrection se trouve concentrée dans les faubourgs du Temple, Saint-Antoine, Saint-Denis et Poissonnière, et dans les quartiers du Temple et Saint-Martin.

A cinq heures du matin le rappel retentit partout, l'attaque recommence sur tous ces points et se poursuit avec la plus grande énergie.

Le quartier du Temple est balayé par le canon et la mitraille, mais les insurgés qui l'occupent se retirent au faubourg de ce nom, à la Villette et à la Chapelle.

La terrible barricade de Poissonnière est prise dans la journée. Pour y parvenir, les troupes sont entrées dans les maisons voisines, d'où elles ont pu dominer l'asile où s'étaient retranchés les insurgés, qui ont fini par se rendre et ont été conduits prisonniers à la caserne Poissonnière. On cite, à ce sujet, un fait qui prouve mieux que toutes les paroles l'énergie barbare avec laquelle les insurgés se sont défendus. Ils ont essayé d'incendier, avec une pompe chargée d'essence de térébenthine, les dernières maisons du faubourg, qui étaient occupées par les soldats et les gardes nationaux.

Dans ce combat, la garde nationale de Rouen a fait preuve d'un admirable courage, ainsi que celle d'Amiens, qui a puissamment contribué à la prise des barricades de la barrière Rochechouart; car, il faut le dire, si l'ordre et la société ont été attaqués avec acharnement, ils ont été défendus de même.

La province a noblement répondu à l'appel de Paris. Depuis hier, à chaque instant, de tous les côtés, les gardes nationales de la banlieue et des villes voisines arrivent en foule à Paris, et prennent part au combat, avec le plus noble dévouement, immédiatement après leur arrivée.

A huit heures, toutes les positions occupées de ce côté sur le boulevart extérieur par les insurgés étaient prises; les troupes sont maîtresses de toutes ces hauteurs; elles sont confiées à la garde nationale. Les pièces de canon qui avaient été dirigées sur ce point sont ramenées dans l'intérieur de Paris, sous la protection d'une compagnie de cuirassiers.

A deux heures, la lutte recommençait aux abords de l'Hôtel de ville, du côté de l'église Saint-Gervais.

Un combat assez grave s'est engagé dans le bas du faubourg du Temple, où les insurgés avaient arboré le drapeau noir. Le colonel du 48e de ligne y a été tué près du Château-d'Eau.

A la place Maubert, dans le bas de la rue Saint-Jacques, sur la place du Châtelet, la fusillade a recommencé un instant; mais elle a été promptement comprimée.

Les insurgés restaient toujours retranchés dans le faubourg Saint-Antoine, où ils n'avaient pas encore été sérieusement attaqués. Une barricade très-forte était dressée sur la place de la Bastille. Des canons ont été braqués sur ce point vers deux heures, et la canonnade a duré longtemps. Les troupes ont enlevé plusieurs barricades et gagné du terrain dans la rue du Faubourg; mais ce succès a coûté bien cher. Le général Négrier a été tué, et un autre représentant, M. Charbonnel, a été blessé mortellement. Demain l'attaque recommencera sur ce point, le seul où l'insurrection soit encore en force. Il serait difficile de recueillir tous les faits, tous les épisodes particuliers qui se sont passés durant cette journée si pleine de troubles et d'émotions.

C'était aujourd'hui dimanche, la Fête-Dieu, et la bataille devait être décisive; et on peut dire qu'elle l'a été, quoique tout ne soit point encore terminé. Mais combien de pertes cruelles nous avons à déplorer! que de sang répandu!

Pendant que duraient tous ces divers combats, au milieu de la mêlée, plusieurs représentants du peuple se sont présentés partout aux insurgés pour parlementer avec eux, pour leur offrir des conditions de paix, et arrêter l'effusion du sang; mais les conditions posées par les chefs n'étaient point acceptables; ils demandaient : la dissolution de l'Assemblée nationale et de la garde nationale de Paris,

M. Caussidière à la tête du gouvernement avec Lamartine et Ledru-Rollin, l'élargissement des prisonniers de Vincennes, trente millions pour les ateliers nationaux, quatre cents millions au budget pour les classes ouvrières.

Pourquoi faut-il qu'à côté de cette défense si glorieuse et si énergique, nous ayons à consigner des mesures de réaction, qui, quels que soient le motif et le prétexte qui les a dictées, n'en sont pas moins des attentats contre la liberté de la presse, et font naître de tristes pressentiments à côté de la joie de la victoire.

Par un arrêté du général Cavaignac comme chef du pouvoir exécutif, M. Émile de Girardin a été arrêté et écroué à la préfecture de police ; le journal *la Presse* a été supprimé ; dix autres journaux ont eu le même sort. Les tristes préoccupations du danger de la patrie peuvent seules expliquer de telles mesures. Ce serait une triste fatalité pour la République, si déjà, après trois mois d'existence, elle était devenue incompatible avec la première de nos libertés, avec la plus précieuse des conquêtes qu'elle a faites sur le passé.

L'Assemblée nationale, pendant cette journée, présente le même aspect d'hier ; tous les visages sont tristes et inquiets ; dans les intervalles des communications qui sont faites de loin en loin, les représentants se rendent dans la salle des conférences et dans leurs bureaux ; quelques groupes seulement stationnent au pied de la tribune.

La conduite de l'ex-commission exécutive est partout commentée avec amertume ; les nouvelles arrivent avec une extrême difficulté.

Le président de l'Assemblée, M. Senard, a fait publier une proclamation adressée aux ouvriers au nom de l'Assemblée nationale ; ce document est plein de paroles de conciliation, mais malheureusement aussi il renferme toutes les promesses par lesquelles on a si longtemps trompé la classe ouvrière, promesses dont rien ne semblait d'abord garantir l'exécution, mais la mesure qu'on a prise de rétablir immédiatement les distributions de vivres et d'argent doit rassurer ces malheureux si souvent trompés, et leur inspirer une nouvelle confiance dans les paroles et la bonne foi du gouvernement à leur égard.

PROCLAMATION DU PRÉSIDENT DE L'ASSEMBLÉE NATIONALE AUX OUVRIERS.

Voici la proclamation adressée aux ouvriers par le citoyen président de l'Assemblée nationale :

Ouvriers !

On vous trompe, on vous égare !...
Regardez quels sont les fauteurs de l'émeute ; hier, ils promenaient le drapeau des prétendants ; aujourd'hui, ils exploitent la question des ateliers nationaux, ils dénaturent les actes et la pensée de l'Assemblée nationale.

Jamais, quelque cruelle que soit la crise sociale, jamais personne dans l'Assemblée n'a pensé que cette crise dût se résoudre par le fer ou par la faim.

Il ne s'agit ni de vous enlever à vos familles, ni de vous priver des faibles ressources que vous trouviez dans une situation que vous étiez les premiers à déplorer.

Il ne s'agit pas d'empirer votre sort, mais de le rendre meilleur, dans le présent, par des travaux dignes de vous ; meilleur dans l'avenir, par des institutions vraiment démocratiques et fraternelles.

Le pain est suffisant pour tous, il est assuré pour tous, et la constitution garantira à jamais l'existence de tous.

Déposez donc vos armes, ne donnez pas à notre chère France, à l'Europe jalouse et attentive, le triste spectacle de ces luttes fratricides.

C'est la honte, c'est le désespoir, ce pourrait être la perte de la République.

Le temps est toujours long pour les souffrances qui attendent, mais il est court quand il s'agit de fonder de grandes choses sur un terrain nouveau.

Encore une fois, plus de discussions, plus de haines dans le cœur!

Défiez-vous de ceux qui exploitent ce qu'il y a de plus respectable parmi les hommes : la souffrance et le malheur.

Écoutez la voix de l'Assemblée nationale; comptez sur elle, car elle est le peuple tout entier, et elle ne comprend sa mission que pour l'intérêt du peuple.

Fermez l'oreille à d'odieuses calomnies!... De la paix, de l'ordre, et la République remplira sa noble devise; elle s'attachera à réparer toutes les injustices du sort et de nos vieilles institutions.

Le président de l'Assemblée nationale,

SENARD.

A neuf heures du soir tous les quartiers occupés par les insurgés sont enfin dégagés, il ne reste plus que le faubourg Saint-Antoine, la victoire est assurée; aussi cherchera-t-on par tous les moyens que conseille l'humanité à arrêter une nouvelle effusion de sang. Des sommations seront renouvelées aux insurgés avant de recommencer l'attaque.

La circulation se rétablit déjà partout avec les précautions exigées par l'état de siége. La ville entière semble soulagée d'un poids immense ; la retraite est battue partout et ses accents paisibles qui contrastent avec ceux de la générale, portent l'espérance et la sécurité dans tous les quartiers. Les citoyens sortent avec empressement de leur domicile où ils étaient retenus prisonniers. Ce n'est pas de la joie, c'est la vie qui reprend son cours ; c'est le mouvement régulier qui semble renaître au sein de la grande ville. Les troupes campent et bivouaquent dans les rues, mais tout est tranquille ; on s'aborde avec confiance et sécurité.

Lundi 26.

Cette journée, qui devait être décisive, eut bien aussi ses émotions. Dès le grand matin tout Paris attendait avec anxiété le résultat des négociations. La nuit précédente, trois représentants, MM. Larabit, Druet et Gali-Cazabat, qui étaient tombés au pouvoir des insurgés, les avaient déterminés pendant leur captivité à envoyer des parlementaires à l'Assemblée nationale. A deux heures du matin, M. Larabit, laissant ses collègues pour otages et s'engageant sur l'honneur à revenir, avait conduit quatre parlementaires auprès du président de l'Assemblée. Les parlementaires ont demandé que les insurgés pussent garder leurs armes et que le droit au travail fût garanti. La première de ces demandes n'étant point acceptable, la négociation fut rompue, et M. Larabit, prisonnier sur parole, retourna avec eux au faubourg St-Antoine.

Dès le matin, le général Perrot, commandant l'attaque du faubourg St-Antoine du côté de la Bastille, avait donné aux insurgés jusqu'à dix heures pour réfléchir. Trois batteries étaient braquées devant le faubourg pendant cette trêve; quelques pourparlers avaient eu lieu entre les chefs des premières barricades, et un capitaine d'artillerie de la garde nationale, auquel s'était joint M. Recurt, ministre de l'intérieur; des paroles de regret réciproque, des larmes, des étreintes d'attendrissement avaient été échangées, mais les parlementaires mettaient toujours à leur soumission les mêmes conditions qui avaient été déjà repoussées.

A onze heures cependant les insurgés capitulèrent sans conditions, les premières barricades furent évacuées; trois bataillons de la garde nationale y étaient entrés; une estafette porta cette heureuse nouvelle à l'Assemblée.

Ce fut à onze heures et demie que le président annonçait à ses collègues la soumission des insurgés aux acclamations unanimes de l'Assemblée. Mais bientôt M. Poujoulat rentre dans la salle des séances en s'écriant avec indignation : « Trahison, trahison complète ! des barricades ont été évacuées afin d'attirer nos bataillons dans le faubourg pour les massacrer, et la guerre et le feu ont recommencé partout. » Une pareille nouvelle causa une stupeur profonde, c'était affreux à penser. Il ne restait plus, après un tel acte de barbarie, qu'à anéantir ces hommes changés en bêtes féroces.

Une heure se passa dans cette angoisse et dans cette triste pensée, qu'il faudrait faire une boucherie de vingt mille hommes. Heureusement cette apparence de trahison n'avait aucune réalité. Quelques coups de fusil tirés des maisons avaient jeté la confusion dans les rangs et fait reprendre les armes, mais bientôt de nouveaux parlementaires vinrent confirmer la soumission. Aussi à une heure cette guerre fratricide se trouva terminée, les insurgés se retiraient en se laissant désarmer. Tout le faubourg Saint-Antoine était occupé par la troupe qui y circulait sans opposition, et les barricades étaient démolies.

Le bruit a couru dans la journée que M. Recurt, ministre de l'intérieur, avait été tué par les insurgés ; mais il a été démenti.

Après la mort du général Négrier, on avait aussi annoncé un moment celle du brave général Lamoricière ; heureusement elle ne s'est point confirmée.

Cette guerre sanglante a eu bien assez d'illustres victimes ; les chefs des deux côtés, dans la troupe, dans la garde nationale et dans la garde mobile, semblent avoir été frappés avec prédilection. Mais il existe surtout une perte douloureuse qui a ému tout Paris, et dont la France entière portera le deuil. Hier, monseigneur l'archevêque de Paris, se présentant à une barricade avec ses quatre grands vicaires pour porter à ces malheureux égarés des paroles de conciliation et de charité, fut atteint tout à coup d'une balle dans les reins. Transporté par les insurgés eux-mêmes à l'hôpital des Quinze-Vingts, le prélat reconnut tout de suite la gravité de sa blessure et demanda à être administré. Le bruit se répand aujourd'hui que, rapporté à l'archevêché, ce glorieux martyr de l'humanité a rendu le dernier soupir, en faisant des vœux pour que son sang soit le dernier versé, et en réalisant ainsi cette sublime parole évangélique : « Le bon pasteur donne sa vie pour son troupeau. » — Les prisonniers avaient été, pendant toute la durée de la lutte, ou fusillés immédiatement, ou enfermés dans différents endroits. Plus de six mille, dit-on, sont réunis dans les caveaux du palais des Tuileries, du Palais-National et autres lieux. Mais la garde de tant de malheureux devient pénible et difficile; aussi l'Assemblée prépare un décret qui doit décider de leur sort, et destiner, suivant les deux catégories auxquelles ils appartiendront, les uns à la mort, les autres à la déportation. Le chef du pouvoir exécutif, immédiatement après la victoire, adressa aux soldats et à la garde nationale des proclamations qui doivent rester comme documents de cette triste époque :

RÉPUBLIQUE FRANÇAISE.

Liberté, Égalité, Fraternité.

Paris, 28 juin 1848, au matin.

Citoyens, soldats,

Grâce à vous, l'insurrection va s'éteindre. Cette guerre sociale, cette guerre impie qui nous est faite tire à sa fin. Depuis hier, nous n'avons rien négligé pour éclairer les débris de cette population égarée, conduite, animée par des pervers. Un dernier effort, et la patrie, la République, la société tout entière seront sauvées.

Partout il faut rétablir l'ordre, la surveillance; les mesures sont prises pour que la justice soit assurée dans son cours. Vous frapperez de votre réprobation tout acte qui aurait pour but de la désarmer. Vous ne souffrirez pas que le triomphe de l'ordre, de la liberté, de la République, en un mot, soit le signal de représailles que vos cœurs repoussent.

Général E. Cavaignac.

Paris, 26 juin 1848 (une heure quarante minutes.)

Le faubourg Saint-Antoine, dernier point de la résistance, est pris. Les insurgés sont réduits, la lutte est terminée, l'ordre a triomphé de l'anarchie.

Le chef du pouvoir exécutif,

E. CAVAIGNAC.

A LA GARDE NATIONALE ET A L'ARMÉE.

Citoyens, soldats,

La cause sacrée de la République a triomphé. Votre dévouement, votre courage inébranlable ont déjoué de coupables projets, fait justice de funestes erreurs. Au nom de la patrie, au nom de l'humanité tout entière, soyez remerciés de vos efforts, soyez bénis pour ce triomphe nécessaire.

Ce matin encore, l'émotion de la lutte était légitime, inévitable. Maintenant, soyez aussi grands dans le calme que vous venez de l'être dans le combat. Dans Paris, je vois des vainqueurs, des vaincus ; que mon nom reste maudit si je consentais à y voir des victimes. La justice aura son cours, qu'elle agisse ; c'est votre pensée, c'est la mienne.

Prêt à rentrer au rang de simple citoyen, je reporterai au milieu de vous ce souvenir civique, de n'avoir, dans ces graves épreuves, repris à la liberté que ce que le salut de la République lui demandait lui-même, et de léguer un exemple à quiconque pourra être à son tour appelé à remplir d'aussi grands devoirs.

Le chef du pouvoir exécutif,
E. Cavaignac.

Citoyen maire,

Des insurgés en grand nombre ont été désarmés; d'autres le seront sans doute. Je vous invite à prendre toutes les mesures nécessaires pour que ces armes soient réunies à votre mairie. Dès que vous en aurez rassemblé quelques centaines, je vous prie aussi de les diriger sur le dépôt central de l'artillerie (place Saint-Thomas-d'Aquin), où des ordres sont donnés pour les recevoir.

Le chef du pouvoir exécutif,
E. Cavaignac.

Le chef du pouvoir exécutif,

Vu le décret du 24 juin 1848, qui met la ville de Paris en état de siége;

Vu le décret du 24 décembre 1811,

Ordonne que, par les officiers rapporteurs près les conseils de guerre de la 1re division militaire et par leurs substituts, il sera immédiatement procédé à l'information contre tous individus arrêtés à l'occasion des attentats commis le 23 juin et jours suivants, pour être ultérieurement statué à l'égard desdits individus conformément aux lois pénales.

Fait à Paris, ce 25 juin 1848.

E. Cavaignac.

Le chef du pouvoir exécutif,

En vertu des droits que lui confère le décret qui met la ville de Paris en état de siége,

Arrête :

Le pouvoir de constater tous crimes ou délits dans l'étendue de la ville de Paris, d'en rechercher et d'en faire punir les auteurs conformément aux lois, est délégué aux officiers de police judiciaire. Ce pouvoir sera exercé sous la direction de l'autorité militaire.

Fait à Paris, le 26 juin 1848.

E. CAVAIGNAC.

———

Le chef du pouvoir exécutif,

Vu le décret du 24 juin 1848,

Et attendu que tout citoyen légalement requis pour un service public doit obéissance à l'autorité,

Ordonne que tous les afficheurs qui en seront requis par les agents et dépositaires de l'autorité publique, seront tenus d'apposer immédiatement les affiches signées du chef du pouvoir exécutif ou du président de l'Assemblée nationale.

Fait à Paris, ce 26 juin 1848.

E. CAVAIGNAC.

———

La difficulté des communications pendant toute cette lutte n'a pas permis de recueillir ou de vérifier une foule de détails et de faits particuliers qui appartiennent cependant au fait général et peuvent servir à le caractériser.

Tous les sentiments pendant cette crise ont été dans un état d'effervescence, et portés à une exaltation qui expliquerait jusqu'à un certain point les excès inouïs qui ont été commis.

Ici, devant une barricade de la rue de Cléry, c'est une jeune et belle personne qui va prendre le drapeau des insurgés, le placer sur la barricade, défier la garde nationale, et qui tombe percée de balles. C'est une de ses compagnes qui s'élance auprès de son cadavre, insulte ses meurtriers et éprouve le même sort que son amie.

Ici c'est un père qui combattant dans les rangs de la garde nationale auprès de son fils, voit frapper ce jeune homme qui expire dans ses bras ; il rentre chez lui et dit à son autre fils : « Ton frère vient de mourir, viens prendre sa place et le venger ; » et tous deux continuent à combattre. On admire peut-être de tels dévouements, mais on n'a pas la force de les louer.

Est-il vrai que plusieurs officiers de la garde mobile et des dragons aient été massacrés par les insurgés et mutilés avec une barbarie qui ne trouve d'exemple que dans les époques les plus sinistres de notre histoire ? Il faut suspendre son jugement jusqu'à ce que ces horribles faits aient été vérifiés. Déjà on a démenti ce qu'on avait rapporté à la prise du Panthéon. Les cadavres des officiers de la garde mobile qu'on avait, disait-on, trouvés pendus ou mutilés dans les caveaux, n'ont jamais existé.

Faut-il croire qu'au Panthéon un des insurgés faisait l'office du bourreau, et exécutait, avec un grand sabre, les prisonniers qui lui étaient amenés ? Non, cela n'est point dans nos mœurs !

En plusieurs endroits, des femmes ont combattu avec courage, avec fureur ; on en a vu jeter sur les soldats de l'huile et de l'eau bouillante.

On a dit qu'un grand nombre de balles avaient

été trouvées empoisonnées, mâchées ou préparées avec l'horrible prévision d'augmenter les douleurs des blessés, ou de rendre toutes les blessures mortelles.

Des cantinières ont été surprises vendant et distribuant, dans les rangs de la garde mobile, de l'eau-de-vie empoisonnée. On cite encore des traits de cruauté et de barbarie que nous craindrions de répéter tant ils nous paraissent répugner à nos mœurs et à notre civilisation.

Mais si l'imagination est attristée par de semblables détails, on retrouve avec orgueil et avec un sentiment de consolation dans les soldats de nos jours, dans ces jeunes gardes mobiles surtout, des traits de ce courage héroïque, de ce sang-froid, de cette intrépidité dans le danger, qui ont toujours distingué le soldat français.

MORT DE M. L'ARCHEVÊQUE DE PARIS.

C'est avec une douleur profonde que nous annonçons que M. l'archevêque de Paris a succombé aujourd'hui à la blessure qu'il avait reçue à la barricade du faubourg Saint-Antoine. Cette cruelle catastrophe plonge Paris dans la consternation, et comble la mesure de la douleur nationale. C'est maintenant qu'on pèse et qu'on juge ce que coûtent les guerres civiles. Hélas! quelques heures avant de recevoir le coup mortel, le courageux évêque parcourait nos rues au milieu des bénédictions populaires. Apôtre du dieu de paix, de clémence et de pardon, il allait porter la croix et le signe de la réconciliation au milieu du meurtre et du carnage. Il est tombé sur le lieu même de la bataille; et on dirait que, par pitié pour l'humanité, Dieu a voulu cacher dans les ténèbres la main qui avait commis ou cet épouvantable crime, ou cet affreux malheur.

En présence de ce sacrifice sublime, les cœurs chrétiens seront partagés entre le sentiment d'un saint orgueil et celui d'une inconsolable tristesse. L'histoire de l'Église n'offre pas une plus admirable page. Emporté sanglant à travers les barricades, la seule pensée, la seule parole du martyr était : « Que mon sang soit le dernier versé! » Envolée d'avance vers son créateur, l'âme immortelle du juste a sans doute demandé le prix de son oblation et de son holocauste, et ses prières ont arrêté l'œuvre du sang et de l'expiation. Après avoir, au milieu de tant d'autres, frappé cette innocente et sainte victime, on dirait que la mort s'est enfin lassée.

C'est après deux jours des plus cruelles souffrances, que le vénérable prélat a expiré aujourd'hui, à quatre heures, entouré des consolations de la religion, des prières et des sanglots de son clergé et de quelques fidèles. Il est mort plein de calme, de résignation et de courage, le plus pur et le plus admirable exemple du passage du juste dans le sein de Dieu.

Nous ne saurions dire le deuil universel que cet affreux événement a répandu dans Paris. Partout, dans toutes les rues, les prêtres étaient interrogés avec avidité et avec anxiété ; et dans cette grande cité ensanglantée, ceux même qui ont à pleurer quelqu'un des leurs, réservent encore une part de larmes au saint martyr qui est mort pour tous.

DÉCRET DE L'ASSEMBLÉE NATIONALE.

L'Assemblée nationale, dans sa séance du 28, a rendu le décret suivant :

L'Assemblée nationale regarde comme un devoir de proclamer ses sentiments de religieuse reconnaissance et de douleur publique pour le dévouement et la mort saintement héroïque de M. l'archevêque de Paris.

Les président et vice-présidents,
SENARD, PEUPIN, Léon ROBERT, Émile PEAN,
Edmond LAFAYETTE, LANDRIN, BÉRARD.

———

Nous avons aussi à déplorer la perte de M. François Masson, avoué (quai Lepelletier), commandant de la 11ᵉ légion, qui s'est si bien distingué par son zèle et son dévouement. M. Masson a succombé aux coups des insurgés en franchissant une barricade de la rue de la Harpe. Cet homme honorable est généralement regretté. Il laisse une veuve et quatre enfants en bas âge.

Nous devons signaler comme s'étant distingués dans cette même légion le capitaine Deleschamps, pharmacien, le lieutenant Crosnier, qui a entraîné toute sa compagnie en franchissant le premier une barricade qu'ils ont enlevée rue Serpente.

Nous regrettons de n'en pouvoir dire autant de toutes les légions ; malheureusement quelques-unes ont failli à leur devoir.

———

Nous avons visité ce matin l'espace qui se trouve situé entre la barrière des Martyrs et celle de la

Chapelle, et nous pouvons donner des détails certains sur la défense dont la localité a été le théâtre.

A la barrière Rochechouart, on remarque seulement les traces des barricades élevées par les insurgés sur ce point; mais aucun dommage n'y existe.

Il en est autrement à la barrière Poissonnière. Les maisons faisant face à la barrière portent l'empreinte des boulets et des balles qui ont été lancés sur ce point.

Dès le vendredi 23 juin, le bataillon de Saint-Denis accourait à Paris pour maintenir l'ordre; mais, arrêté à la Chapelle-Saint-Denis par les insurgés, il ne put continuer sa route. L'effervescence était telle, que le colonel, M. Cossenard, et le commissaire du gouvernement, M. de Langlard, furent désarçonnés et faits prisonniers, et n'obtinrent leur liberté que sous la promesse de retourner sur leurs pas.

———

Voici les noms de quelques-uns de ceux qui sans doute paraîtront des premiers devant la justice :

Mellinger, instructeur du génie; Becker, lieutenant-colonel, chef d'état-major de la légion italienne; Deguingand, sapeur du génie; Bochet, tambour du 23ᵉ de ligne; Picou, lieutenant des ateliers nationaux; Duvillars, chef de compagnie des ateliers nationaux; Duval, brigadier des ateliers nationaux; Girard, ex-capitaine de la garde mobile; Jeannot, ex-sous-lieutenant de la garde mobile; Lienard, lieutenant aux ateliers nationaux; Cabazone, garde municipal; Cour-de-Roi, tambour de l'ex-garde républicaine; Turgon, officier retraité; Dronot, capitaine adjudant-major; Bremot, officier

retraité ; Hersingaux, capitaine de l'ex-garde républicaine ; Pigay, officier ; Walkéïes, officier retraité.

Nous ne citons pas nominativement les étu-
diants, qui sont au nombre de plus de cent ; on
compte aussi un chiffre assez élevé de jeunes gens
appartenant ou ayant appartenu à la garde mobile ;
beaucoup d'ouvriers, notamment des tailleurs.

PREMIÈRE LISTE DES MORTS ET DES BLESSÉS DANS LES JOURNÉES DE JUIN.

Généraux. — Morts : Négrier, Bréa, Charbonnel,
la Fontaine, Renaud.

Blessés : Bedeau, amputé ; Damesme, amputé ;
Korte, Foucher, de Bourgond.

Représentants du peuple. — Morts : Charbonnel,
Négrier.

Blessés : Bixio, Dornès, Clément Thomas, d'Hau-
teville.

Colonel. — Blessé : Dulac, 29ᵉ de ligne.

Commandants. — Morts : Thayer, 1ʳᵉ légion ;
Duffié, 2ᵉ légion ; Masson, 11ᵉ légion ; Durieu, légion de Cambrai ; Cipolline, 16ᵉ bataillon de la garde
mobile ; Duseigneur, 22ᵉ bataillon de la garde mobile.

Blessés : Courtois d'Urbal, état-major ; Aynard de
la Tour-du-Pin, aide de camp du général Cavaignac.

Capitaines. — Morts : Zanau, adjudant-major de
la 8ᵉ légion ; Dupont-Delporte, de la ligne ; Bruner,
15ᵉ bataillon de la garde mobile ; Mangin, aide de
camp du général Bréa ; Bertrand, 1ʳᵉ légion.

Blessé : Gillot, état-major.

Lieutenants. — Morts : Sauvageot, 1re légion ; Lorain, 3e légion ; Gentil, Andelys (Eure).

Blessés : Fouquet, 12e légion ; Gaschon de Molines, 15e bataillon de la garde mobile.

Gardes nationaux. — Morts : Charre, Loin, 1re légion ; Létorey, des Andelys (Eure); Hector Rossignol, d'Orléans ; Blanchard, de Beaugency ; Beaublé, idem ; Colas, idem.

Blessés : Hugon, Fransinet, Bourgeois, Carré, Kosminski, Boyer, Deloup, Ladislas-Saint-Pierre, 1re légion; Texier, 3e légion ; Felsthamel, 12e légion ; Dejean, directeur du Cirque; Andrieux, employé.

Ingénieur civil. — Mort : Clarke.

Un journal annonce ce matin que le général Bedeau a été amputé et que le général la Fontaine est mort ; ces deux nouvelles ne sont pas exactes : M. Bedeau est dans un état satisfaisant; quant au général la Fontaine, il est en voie de guérison; nous tenons ce fait de M. Delisle, le médecin qui l'a relevé près de la barricade du faubourg Saint-Denis et qui l'a constamment soigné depuis le 24 juin. Nous n'aurons donc pas ces deux pertes nouvelles à ajouter à celles qu'a éprouvées notre brave armée; c'est bien assez d'avoir à déplorer la mort de M. le général Négrier,

Du général de Bréa,

Du général François,

Du général Reynaud.

Le général de Bourgon a reçu une balle dans le haut de la cuisse; l'amputation est impossible, et l'état du malade donne de graves inquiétudes.

Le général Korte, blessé à la jambe, est dans un état satisfaisant.

Le général Damesme a subi l'amputation de la cuisse, comme nous l'avons dit. On a l'espoir de le conserver.

Le général Duvivier a reçu au pied une blessure plus grave qu'on ne l'avait cru au premier moment; il a été transporté au Val-de-Grâce, et M. Baudens a constaté une fracture dans l'articulation du pied.

Le général Foucher a été blessé au moment où il commandait la colonne chargée d'attaquer la barricade du faubourg du Temple.

Plusieurs colonels et officiers supérieurs de l'armée et de la garde mobile ont été ou tués ou blessés.

Nous avons donc eu raison de le dire, il n'y a pas de bataille qui ait coûté à la France autant d'officiers supérieurs.

La garde mobile est peut-être le corps qui a le plus souffert.

La garde nationale a eu plusieurs de ses chefs atteints assez gravement, entre autres M. Thayer, chef de bataillon dans la 2ᵉ légion; MM. Clary, lieutenant-colonel, et Bernard, chef de bataillon dans la 1ʳᵉ légion. M. Lescouvé, architecte, chef de bataillon dans la 6ᵉ légion, a été blessé dangereusement à l'attaque de la barricade Saint-Martin.

―――

Nous avons annoncé hier l'arrestation du sieur de Flotte. Une perquisition a été faite à son domicile. Au nombre des pièces saisies se trouvent plusieurs lettres de M. de Lamartine, un laissez-passer signé par M. de Lamartine, et un autre signé par M. Louis Blanc.

L'état-major de la garde nationale a constaté la nuit dernière que trois des maisons qui avoisinent la place du Carrousel échangeaient vers minuit des signaux. Quatre chandelles placées aux fenêtres les plus élevées, étaient alternativement élevées ou abaissées, tantôt une, tantôt deux, tantôt toutes les quatre. On supposait que les signaux étaient faits pour Montmartre; le fait a été déclaré, et procès-verbal en a été dressé.

MORT DU GÉNÉRAL BRÉA.

Toute la journée on a vu exposés au Panthéon les corps de plusieurs officiers victimes de l'insurrection, notamment ceux du général Bréa et de son aide de camp Armand de Mangin. Le visage de l'aide de camp, mutilé affreusement, était couvert de bandelettes. Révoltés de ces horreurs, nous avons éprouvé quelque soulagement en lisant, dans *le Bien public,* que le capitaine Mangin n'avait pas été mutilé vivant, et qu'au milieu même du massacre, un insurgé avait retrouvé dans son cœur assez d'humanité pour sauver un chef de bataillon de l'armée.

Le général Bréa, homme de cœur, de dévouement et d'exaltation, espérait désarmer les rebelles rien que par la puissance de sa parole. Il parlementa avec eux, il leur serra la main à travers la grille, il cria avec eux : « Vive la République démocratique, sociale ! » Les insurgés lui ouvrirent alors la petite porte latérale, et l'invitèrent à venir dans leurs rangs haranguer leurs camarades. Le général franchit le seuil; le chef de bataillon de la ligne, le chef de bataillon de la garde nationale Dupont et le capitaine Mangin le franchirent aussi.

Le colonel Thomas et le représentant de Ludre refusèrent de suivre leur exemple. A peine le général et les quatre officiers avaient-ils passé le guichet que la porte se referma brusquement sur eux, que deux milles têtes se levèrent au-dessus des barricades, et que deux mille fusils plongèrent du haut de ces remparts sur la poitrine du colonel et du représentant, qui, seuls, au pied des barricades, n'avaient que leur sang-froid à opposer à cette abominable trahison.

« Si vous ne faites poser immédiatement les armes à votre colonne, votre général et vous autres tous vous êtes immédiatement fusillés, » crient de toutes parts les rebelles.

Le colonel Thomas, de la garde mobile, marcha résolûment à l'assaut. Il envoya deux décharges à mitraille aux insurgés et lança la mobile sur les barricades. Or, pendant que les héroïques enfants de Paris escaladaient bravement ces remparts de pavés, la troupe de ligne, à l'aide d'une trouée pratiquée dans le mur d'enceinte, tournait les insurgés et les chargeait par derrière. Ceux-ci furent impitoyablement fusillés, et la position fut gagnée.

Ce fut alors qu'on trouva dans le corps de garde de l'octroi deux cadavres. L'un était encore reconnaissable : c'était le général Bréa; l'autre, méconnaissable, c'était le capitaine Mangin. Voici comment ils avaient été assassinés. A peine au pouvoir des insurgés, le général et les trois autres officiers avaient été conduits au corps de garde. Pendant le tumulte de leur arrestation, le chef de bataillon de la garde nationale parvint à se réfugier sous un auvent, et le chef de bataillon d'infanterie à se cacher sous le lit de camp. Le général fut d'abord indignement maltraité, ainsi que le capitaine

Mangin ; on leur arracha leurs épaulettes, on les souffleta, on leur déchira leurs habits.

Puis le fusil s'abaissa. Une femme se jeta dans les bras du général pour le couvrir; mais un homme du peuple écarta cette femme, un autre recula de trois pas, ajusta : le coup partit. Le général reçut la balle dans le ventre et s'affaissa.

Un autre homme du peuple déchargea aussitôt son arme dans le front du capitaine Mangin ; et pendant que le pauvre officier se couvrait la figure de ses mains en poussant des cris de douleur, un autre insurgé vint par derrière l'abattre d'un coup de hache. On lui coupa le nez, les oreilles, et on le mutila de telle façon, qu'il serait impossible de voir, dans cet horrible amas de lambeaux de chair, aucune forme qui ressemble à une tête humaine.

Pendant cette exécution, un homme tirait par le pied le chef de bataillon qui s'était réfugié sous le lit de camp, lui ôtait ses habits, lui passait une blouse, et lui donnait ainsi le moyen d'échapper au plus horrible danger qu'un homme ait jamais couru. Ce chef de bataillon est sauvé.

Quant au chef de bataillon de la garde nationale, on ne sait ce qu'il est devenu. Un mystère inconcevable plane sur son évasion ou sur son refuge.

Paris, 28 juin.

Le général Cavaignac a remis aujourd'hui à l'Assemblée nationale les pouvoirs exécutifs qui lui avaient été confiés.

L'Assemblée a promptement rétabli le général dans son poste. M. Senard met aux voix le paragraphe suivant : « L'Assemblée nationale confie le pouvoir exécutif au général Cavaignac. » Adopté à l'unanimité moins une voix. En même temps éclatent de vifs applaudissements.

Puis vient le deuxième paragraphe : « Le général Cavaignac prendra le titre de président du conseil des ministres. » Adopté avec applaudissements.

Troisième paragraphe : « Le président du conseil nommera lui-même les ministres. » Adopté. L'enthousiasme s'empare de l'Assemblée tout entière.

———

COMPOSITION DU NOUVEAU MINISTÈRE :

MM. Cavaignac, président.
  Lamoricière, guerre.
  Goudchaux, finances.
  Recurt, travaux publics.
  Touret, commerce et agriculture.
  Senard, intérieur.
  Bethmont, justice.
  Bastide, affaires étrangères.
  Barthélemy-Saint-Hilaire, instruction publique.
  Lacrosse, marine.
  Commandant en chef de la garde nationale, Changarnier.
  Président de l'Assemblée, Marie.

———

M. Laugier, l'un des membres du club des clubs, a été arrêté à son domicile et conduit à la Conciergerie.

———

Mercredi, à quatre heures et demie, l'autopsie de M. l'archevêque de Paris a été faite, sous les yeux de MM. les docteurs Cayol et Récamier, par les docteurs Henri Gueneau de Mussy et Vignolot. Plusieurs médecins y assistaient, entre autres M. Labrousse, médecin des Quinze-Vingts, qui avait donné les premiers soins au pieux prélat, et MM. Béchard, Noël et Amussat.

La balle qui l'a tué avait pénétré par une petite plaie dans le côté droit de la région lombaire; elle suivait un trajet oblique de haut en bas, et avait rencontré la seconde vertèbre des lombes, qu'elle avait traversée en passant au-devant de la queue de la moelle épinière; la rencontre du corps osseux l'avait déviée de sa direction primitive et l'avait fait remonter le long du rein gauche.

Au terme de sa course, elle s'était logée dans les muscles voisins de cet organe en déchirant les vaisseaux. Il en était résulté un épanchement de sang dans le tissu cellulaire. La balle avait le volume des balles de calibre, et, sur un point de la circonférence, on remarquait une section qui indiquait qu'elle avait été coulée dans un moule ordinaire. Chemin faisant, elle avait légèrement blessé les vaisseaux du rein gauche, l'uretère du même côté, et très-profondément contus les muscles de la paroi particulière du ventre.

La population de Versailles a eu une alerte; mercredi à trois heures du soir la générale a battu dans tous les quartiers, les boutiques se sont fermées, les citoyens ont pris les armes, et quatre pièces de canon ont été amenées sur la place d'Armes et braquées sur les avenues.

Tous ces préparatifs, toutes ces précautions ont été heureusement inutiles; une panique seule a été la cause de cette émotion.

Le bruit s'était répandu que quatre mille insurgés se dirigeaient sur la ville. Il n'en était rien. Un convoi de prisonniers ne tarda pas à arriver, mais très-bien escorté, et chacun fut bientôt rassuré.

Les obsèques de M. Francis Masson, avoué près le tribunal de première instance de la Seine, commandant du 4e bataillon de la 11e légion, ont eu lieu hier à l'église Notre-Dame.

Le bataillon qui avait élu M. Masson commandant avait pris tout entier les armes pour lui rendre les derniers devoirs. Il avait à sa tête M. Royer, chef de bataillon en second, que les liens d'une vive amitié et d'une estime réciproque unissaient au défunt.

Le colonel, le lieutenant-colonel, les commandants des autres bataillons, les officiers, un grand nombre de gardes nationaux des autres légions, étaient venus aussi prendre place à la suite du cortége, qui était conduit par le président de la chambre des avoués et trois officiers supérieurs appartenant à la garde nationale sédentaire et mobile et à l'armée.

On voyait ensuite un grand nombre de représentants ceints de leurs écharpes, la chambre des avoués tout entière, des membres de la magistrature et du barreau, des officiers du 12e régiment de ligne qui combattaient à côté de M. Masson quand il a été frappé, un détachement des 8e et 11e bataillons de la garde mobile qui étaient venus spontanément se joindre au cortége, enfin une foule nombreuse dans laquelle se pressaient des clients, des amis.

Durant tout le trajet de l'église Notre-Dame au cimetière de l'Est, le cortége passait dans la haie formée par les citoyens qui s'arrêtaient et s'inclinaient religieusement devant ce cercueil où reposait tant de bravoure, de jeunesse et de loyauté.

L'état de siége a mis une partie de la presse en interdit. Quelle sera la position des journaux supprimés dès que nous serons entrés dans les voies d'un gouvernement régulier et responsable? Telle est une des principales questions dont l'Assemblée aura à s'occuper.

Le danger passé, la liberté de la presse reprend ses droits. Les procès de tendance sont devenus impossibles; la *complicité morale*, dont l'invention a déshonoré le gouvernement déchu et une pairie servile, est désormais impossible.

République oblige. Il faut donc chercher les garanties en dehors des expédients tyranniques et abusifs qui ont préparé la chute des pouvoirs qui croyaient s'affermir par des mesures exceptionnelles.

(Union.)

On ne sait quelle main mystérieuse conduisait les opérations des révoltés, mais leurs barricades étaient construites avec un art infini; elles avaient des chemins couverts, des créneaux comme une forteresse, et celui qui avait présidé à leur construction devait être un ingénieur militaire.

Les insurgés avaient ensuite établi entre deux barricades une fonderie où se faisaient les balles, et ils se servaient d'un appareil qui les multipliaient à l'infini. La poudre-coton dont ils faisaient usage se fabriquait chez un pâtissier du faubourg.

Ils avaient essayé de faire des canons avec des tuyaux de gaz; mais ils ont fini par en découvrir deux ou trois de petit calibre chez des ferrailleurs qui sont en grand nombre dans le quartier, et ils en ont fait usage. Il leur est arrivé, quand ils manquaient de balles, de couper des tringles de rideaux par morceaux et de s'en servir.

PLAN DE L'INSURRECTION.

On peut aujourd'hui expliquer, par la marche de l'insurrection et les dispositions qu'elle a prises, comment son plan avait été combiné.

L'émeute s'étendait sur la rive droite depuis le faubourg Poissonnière jusqu'à la Seine, embrassant ainsi le faubourg Saint-Martin, le faubourg du Temple et le faubourg Saint-Antoine : sur la rive gauche, elle occupait les faubourgs Saint-Marcel, Saint-Victor et le bas du quartier Saint-Jacques ; ces deux positions étaient reliées entre elles par l'occupation de plusieurs points, tels que l'église Saint-Gervais, une partie du quartier du Temple, les abords de Notre-Dame et le pont Saint-Michel. L'église Saint-Severin servait de quartier général et le faubourg Saint-Antoine de place d'armes : ce plan était ingénieusement conçu ; car l'insurrection était maîtresse ainsi d'un immense demi-cercle qui forme à peu près la moitié de Paris ; en cas d'échec, la nature des maisons et le nombre incalculable de rues étroites créaient des difficultés insurmontables aux troupes et laissaient aux émeutiers des chances certaines de retraite ; en cas de succès, il était facile à l'insurrection, en s'avançant un peu, d'occuper les lignes importantes des quais et des boulevarts, et elle cernait peu à peu l'Hôtel de Ville, qui se serait trouvé entouré de tous les côtés; une fois maîtres de la préfecture, les insurgés y établissaient leur gouvernement.

Ce plan fait comprendre comment il a fallu livrer un si rude combat au pont Saint-Michel, au pont de l'Hôtel-Dieu et au pont qui conduit de la rue Planche-Mibray au quai aux Fleurs; c'est qu'en effet l'attaque dirigée sur ces trois points coupait aux insurgés des deux rives leurs moyens de ralliement; on conçoit également l'acharnement avec lequel les émeutiers ont défendu la position de Saint-Severin, qui leur servait de quartier général, et celle de Saint-Gervais, qui menaçait directement l'Hôtel de ville.

Les mesures prises par l'autorité militaire ont coûté à la France un grand nombre de braves gens. Ce triste résultat était inévitable; on ne peut en douter quand on voit l'énergie sauvage avec laquelle les insurgés se sont défendus, mais elles ont fait manquer le vaste projet qui avait été conçu. La lutte a continué sur beaucoup de points, mais elle était devenue isolée sur chacun de ces points par le manque de communications.

Nous devons rendre un éclatant hommage à l'intelligence et à l'énergie avec lesquelles le général Cavaignac a attaqué l'insurrection. Il a sauvé Paris.

DE L'IMPRIMERIE DE CRAPELET, RUE DE VAUGIRARD, 9.

www.ingramcontent.com/pod-product-compliance
Lightning Source LLC
Chambersburg PA
CBHW061327060726
47596CB00003B/1112